Début d'une série de documents
en couleur

RÈGLEMENT

DE LA CONFRÉRIE

DES

Pénitents du T.-S. Sacrement

de la paroisse d'ALLEX, diocèse de Valence

PRÉCÉDÉ D'UNE

NOTICE HISTORIQUE SUR CETTE CONFRÉRIE

Par l'abbé L. FILLET

Curé de cette paroisse.

VALENCE

IMPRIMERIE VALENTINOISE, PLACE SAINT-JEAN

—

1892

Fin d'une série de documents
en couleur

RÈGLEMENT

DE LA

Confrérie des Pénitents du Très-Saint-Sacrement d'Allex

PRÉCÉDÉ D'UNE

Notice historique sur cette Confrérie

RÈGLEMENT

DE LA CONFRÉRIE

DES

PÉNITENTS DU T.-S. SACREMENT

de la paroisse d'ALLEX, diocèse de Valence

PRÉCÉDÉ D'UNE

NOTICE HISTORIQUE SUR CETTE CONFRÉRIE

Par l'abbé L. FILLET

Curé de cette paroisse.

VALENCE

IMPRIMERIE VALENTINOISE, PLACE SAINT-JEAN

—

1892

Vu et permis d'imprimer.

VALENCE, le 25 juillet 1892.

Pour Mgr l'Évêque absent :

Le Vicaire-Général,

S. COLOMB.

NOTICE HISTORIQUE

SUR LA CONFRÉRIE DES PÉNITENTS DU TRÈS-SAINT-SACREMENT

de la paroisse d'Allex.

Heureux ceux qui comprennent combien les tabernacles du Seigneur sont aimables ! Heureux surtout ceux qui, le comprenant, s'empressent de payer à l'Hôte divin résidant par bonté au milieu de nous, un juste tribut d'adoration,de respect et d'amour !

Telle est la pensée, tel est le sentiment qui ont inspiré la fondation de l'excellente *Confrérie du Très-Saint-Sacrement*. En effet, cette confrérie a pour objet d'honorer spécialement Jésus-Christ dans le Sacrement de son amour et de réparer les outrages qu'il y reçoit de la part des impies et des mauvais chrétiens. Son institution eut lieu à Rome, dans l'église de Sainte-Marie de la Minerve,au commencement du XVIe siècle. Elle fut approuvée par le Pape Paul III, en 1539, et élevée au rang d'archiconfrérie,avec la faculté de communiquer les indulgences dont elle était enrichie, aux confréries du même titre qui lui seraient canoniquement affiliées.

L'institution répondait admirablement au besoin des cœurs sincèrement chrétiens. Aussi la confrérie du Très-Saint-Sacrement fut-elle bien vite établie dans une foule de paroisses, notamment en Italie et en France. Dès 1540, nous trouvons à Grignan la *Confrérie du Corps de Dieu.* D'après quelques indices, Allex aurait eu dès le milieu du XVIe siècle sa confrérie du Très-Saint-Sacrement.

Mais les longues et cruelles guerres déchaînées sur notre pays par l'hérésie protestante née en Allemagne avec la révolte de Luther, allaient bientôt renverser nos églises, saccager nos paroisses, détruire les confréries.

Toutefois, avec la conversion de Henri IV et son avènement au trône en 1589, la paix fut rendue à notre chère patrie. Dès lors,les œuvres chrétiennes furent vite rétablies, et la confrérie du Très-Saint-Sacrement apparaît à Romans en 1600, à Grignan en 1603, à Malaucène avant 1623.

Allex suivit de bonne heure ce grand mouvement de relèvement religieux et social. Dès 1630 surtout, on eut à cœur d'y reprendre « les anciennes et louables coustumes advant les « troubles observées très religieusement par » les « devanciers ».

« On voulut « restablir et remettre sus, par ung acte continuel de
« dévotion et piété, l'honneur et culte souverain que tous les vrais
« et bons catholiques sçavent estre deub au Très-Sainct Sacrement ». A cet effet, messire Jacques Dalphin, curé d'Allex, de
l'avis de messire Joseph Crozat, « bachellier en droits, prebtre et
chorier » en l'église Saint Maurice du lieu, et d'autres « notables
« et dévottes personnes », présenta une requête à monseigneur
Charles-Jacques de Lébron, évêque de Valence et de Die. Il lui de-
manda l'érection canonique, en l'église susdite, de « la confrérie
du Saint-Sacrement « de l'Autel », avec participation aux indulgences et autres biens spirituels de cette confrérie. La faveur fut
accordée, et l'érection canonique fut faite le 1er décembre 1630, premier dimanche de l'Avent. L'acte rédigé en cette occasion porte que
le prélat veut par là procurer « le fruict de ce bien indicible » aux
paroissiens d'Allex, et à « tous habitans du mandement et tous les
lieux de son diocèse ». On exhorta donc tous les bons catholiques
à s'enrôler dans la confrérie.

Du premier coup, vingt-un hommes répondirent à l'appel du
bon pasteur. Ce furent : noble Louis du Four (seigneur de la Répara), Etienne Chavagnac, Pierre Sauze, Paul Moralis, Noé Lambert, Guillaume Bancel, Louis Drogue, André Drogue dit Court,
François Drogue dit Pavonet, Claude Phelip dit Boisson, Nicolas
Tamian, Pierre Saulce, Drevon Chizac, dom Sébastien Nouvel
(prieur de Saint-Martin de Coussand, d'Alixan), Marcel Savinas,
Claude Meffre, Jacques Colombet (de Montélimar), Paul Pourroy
(de Crest), Charles Lancelin de la Rolière, Charles Crozat (de Valence), Etienne Janoyer (de Chabrillan) (1).

Furent ensuite reçus : en 1644, Joseph Savinas ; en 1645, Benoît
Jourdan, précepteur des enfants de la paroisse ; en 1645, Pierre
Bancel, François Drogue, Adam Chovin, Pierre Sausse, Jean Ta-
bardel, Jacques Phelip, Pierre Blanc jeune, Louis Gros, Laurent
Fiard, Pierre Crozat, Jean Rabagnac, Jean Rey, Claude Meynier,

---

(1) La confrérie eut aussi des *dames confréresses*. Parmi elles, nous trouvons dès
1630 : « dame Genevieíve de Lhère de Glandage, dame douairière du Puy-St-Martin ;
dame « Huguette Lyottard, dame d'Aiguebonne ; damoyzelle Jeanne de Bucelin, femme du sieur de la Répara ; damoyzelle Alizette de Beaumont, vefve au feu sieur Ver-
net ; damoyzelle Magdalleyne de Bucelin, femme au sieur Sauze ; damoyzelle Cathe-
rine de Mounery, femme a monsr Dupont, de Livron ; Anthoyne Destret, vefve à feu
Claude Bancel, etc. De nouvelles admissions eurent lieu en 1644, en 1645, et plus
tard. Mais après 1652, les *confréresses* furent assez difficilement recrutées, sans
doute à cause de l'existence de la confrérie de Notre-Dame, établie en juillet 1632
pour les dames et demoiselles. Cette dernière confrérie, réorganisée en 1750 sous
le vocable du *St-Rosaire*, comprit dès lors une congrégation de filles, et fut exces-
sivement prospère jusqu'à la Révolution. Relevée plus tard, elle est composée au-
jourd'hui de 178 membres, dont 57 pour la congrégation des demoiselles,
sous le vocable de l'Immaculée-Conception.

Baltazard Vigne, Vincent Mezenc, André Chovet, Jacques Tabardel (d'Ambonil), André Peregaud, Antoine du Fondz, Barthélemy Terrier, Guillaume Beaujan, André Bouvier, Jean Reynaud, Esprit Drogue et Jean Astier.

Que n'avons-nous ici l'espace voulu pour mentionner les noms de tant d'autres hommes estimables qui voulurent figurer au cortège d'honneur de Jésus-Christ dans l'Eucharistie ! Beaucoup de nos chers paroissiens d'Allex seraient fiers d'y retrouver des ancêtres. Mais il faut passer à l'indication sommaire des devoirs des confrères.

Ceux-ci étaient tenus, sauf empêchement, à se confesser et à communier aux fêtes de Noël, la Purification, Pâques, la Pentecôte, la Fête-Dieu, l'Assomption et la Toussaint. Ils étaient invités à assister à tout l'office du Jeudi-Saint et spécialement quand l'on *mettait le corps du Seigneur au Sepulcre*, et la confrérie faisait l'aumône à douze pauvres auxquels on lavait les pieds. A la Fête-Dieu, les confrères assistaient avec leurs « torches et chandelles allumées » à la procession et à la grand'messe ; le lendemain, la confrérie faisait une aumône générale aux pauvres, et chacun devait visiter « du moins l'hospital et aultres lieux charitables une fois la sepmaine. »

Les confrères devaient entretenir la lampe ardente devant le Très-Saint Sacrement et, autant que possible, les vases sacrés et ornements servant à ce divin Sacrement. Pendant l'octave de la Fête-Dieu, ils faisaient dire une messe solennelle et y assistaient, ainsi qu'à une procession faite dans le pourpris de l'église ; ils assistaient aussi à la procession et à la bénédiction du Très-Saint-Sacrement les premiers dimanches de chaque mois.

Enfin, ils accompagnaient le Très-Saint-Sacrement, quand on le portait aux malades, et ils assistaient aux enterrements et aux services de leurs confrères.

Ces devoirs demandaient de leur part de la piété, de la charité et du dévouement personnel ; de nombreux documents nous disent avec quel zèle les confrères y furent généralement fidèles. Souvent, le jour de leur réception et pendant le reste de leur vie, mais surtout par leur testament, ils donnaient à la confrérie de l'argent, des cierges et autres choses. Du reste, à partir de 1669, on voit la pieuse société profiter des dons volontaires précédemment attribués, lors des seconds mariages, à la société amusante et bruyante de l'Abbaye de Bongouvert, qui ne tarda pas à disparaître.

Tous les deux ou trois ans, les confrères, réunis en assemblée générale et en présence du curé de la paroisse ou de son délégué, procédaient à l'élection des officiers. Ceux-ci étaient ordinairement au nombre de huit. Il y avait un recteur, un vice-recteur, deux conseillers, un trésorier, un secrétaire, et deux confrères chargés du mobilier, des quêtes, des convocations, etc.

Grâce à son excellente organisation et au zèle pieux de ses membres, la confrérie avait fait le bien pendant plus d'un siècle, quand une modification importante la mit en mesure de contribuer plus puissamment encore à la gloire de Dieu et au salut des âmes.

On sait l'extension que prit en France la confrérie des *Pénitents blancs du Confalon* pendant la première moitié du XVIIIe siècle. On sait aussi que ses membres, revêtus d'une robe blanche serrée d'un cordon, avaient, entre autres très louables pratiques, celle de dire l'office en chœur aux jours de dimanche et de plusieurs fêtes. Allex ne pouvait manquer d'adopter des pratiques si utiles, si recommandées par l'Eglise. En effet, notre confrérie du Très-Saint-Sacrement, encore dans son état primitif en 1734, était transformée en confrérie de Pénitents avant 1751, mais sans laisser son nom ni ses pratiques primitives. Elle était désormais la confrérie *des Pénitents du Très-Saint-Sacrement*, que l'on voit prospérer, dire l'office à la tribune de l'église paroissiale et remplir ses autres devoirs, jouir de la feuille des mûriers du cimetière et de ses autres droits jusqu'en 1792. Cette année-là, un décret de l'Assemblée nationale supprimait toutes les confréries ; un autre confiait l'administration de leurs revenus aux municipalités, et bientôt la suppression du culte divin lui-même amenait la disparition définitive de nos chers Pénitents d'Allex.

Après la réorganisation des paroisses, M. Bosc, curé d'Allex, songea sérieusement à rétablir la confrérie. Ce ne fut que vers 1820 qu'il put définitivement réaliser son projet.

Quelques hommes profondément religieux et plusieurs jeunes gens, tous des meilleures familles de la paroisse, formèrent un premier groupe de confrères, qui revêtit le costume d'autrefois et reprit la récitation de l'office à la tribune de l'église. On vit des confrères faire à leur société des dons capables de suffire à ses besoins. C'est ce que fit notamment M. François-Antoine Ollivier, d'Allex, conseiller à la Cour de Cassation et enrôlé un des premiers dans la confrérie, dont il remplissait fidèlement les devoirs chaque fois qu'un séjour au pays le lui permettait ; le 20 mars 1828, il envoya de Paris à ses confrères un mandat de 100 francs, accompagné d'une lettre respirant la foi la plus vive et témoignant d'un intérêt aussi profond que légitime pour son titre de Pénitent du Très-Saint-Sacrement.

En 1832, la confrérie était composée de 41 confrères, à la tête desquels nous trouvons M. François-Antoine Ollivier avec le titre de recteur, dont sa retraite à Allex allait bientôt lui permettre de remplir régulièrement les fonctions.

Constatons avec bonheur que depuis lors les Pénitents du Très-Saint-Sacrement d'Allex ont contribué pour beaucoup à entretenir dans cette paroisse l'esprit profondément religieux qui la distingue et "honore. Depuis des années déjà nombreuses, ils ne récitent plus leur office ; la disparition de la tribune de l'église, lors de l'agrandissement de cette dernière, leur a rendu plus difficile l'accomplissement de ce devoir autrefois si cher à leur cœur. Mais ils contribuent toujours grandement au bien religieux dans la paroisse, par l'exemple d'une vie profondément honnête et chrétienne et par leur assistance en corps aux cérémonies de l'Église.

Nous avons la douce confiance que les confrères actuels, au nombre de 40 depuis la belle réception du 14 avril 1892, continueront dignement le bien fait jusqu'ici par leurs devanciers et par eux. Ce sera à leur honneur et à celui de la paroisse, autant qu'à leur profit spirituel.

Le règlement dressé pour eux en 1887, approuvé par Mgr l'évêque, leur aidera à obtenir ce précieux résultat. Pour qu'ils puissent facilement le suivre, nous avons voulu le faire imprimer et leur en donner à chacun un exemplaire.

Liste chronologique des recteurs

1630-1645. — Louis du Four.	1705- .... — Pierre Puissant.
1645-1648. — Pierre Bancel.	. . . .
1648-1649. — Paul Moralis.	....-1729. — Pierre Puissant.
1649-1656. — François Drogue.	1729-1734. — Jacques Fournier.
1656-1659. — Pierre Michel.	. . . .
1659-1661. — Joseph Savinas.	. . . .
1661-1663. — Jean Grasset.	1832-1839.— Franç.-Ane Ollivier
1663-1666. — Paul Moralis.	1839-1846. — J.-L. Gasquet.
1666-1668. — François Drogue.	1846-1848. — Franç. Chastaing.
1668-1675. — Joseph Savinas.	1848-1851. — Antne Allemand.
1675-1680. — François Drogue.	1851-1857. — Franç. Chastaing.
1680-1684. — Guillme de Fages.	1857-1858. — Charles Moralis.
1684-1691. — François Lambert	1858-1862. — Franç. Chastaing.
1691-1695. — Antoine Morel.	1862-1863. — Antne Allemand.
1695-1697. — Louis Bérard.	1863-1871. — Franç. Chastaing.
1697-1700. — Pierre Gros.	1871-1880. — Louis Rey.
1700-1704.— François Lambert.	1880. — J.-L. Chassoulier.
1704-1705. — Guillme de Fages.	1880-1... — Jean Imbert.

Etat de la Confrérie

EN JUIN 1892.

Dignitaires :

MM. Jean Imbert, recteur.

Louis Chassoulier, vice-recteur.

Auguste Barret, trésorier.

François Giroudbit, secrétaire.

Louis Pouchoulin, conseiller.

François Chauvin, conseiller.

François Court, conseiller.

Camille Mathieu, conseiller.

Confrères :

MM. Louis Fillet, curé.

Charles Holtzel, vicaire.

Auguste Tabardel.

Auguste Chauvin.

Jean Planel.

Joseph Vallon.

Auguste Fraud.

Paul Seguin.

Auguste Bronsard.

Louis Plotton.

Jules Chambaud.

Hyacinthe Tamian.

André Serpeille.

Augustin Chassoulier.

Elie Balaïn.

Auguste Milon.

MM. Henri Astier.

Vincent Gaûthier.

Antoine Tabardel.

Paulin Revol.

Victor Arnaudon.

Auguste Ruchon.

Emile Crozet.

Louis Armand.

Adrien Chaussac.

Eloi Fournet.

Auguste Lambert.

Joseph Maillet.

Henri Chauvet.

Auguste Rostaing.

Louis Chastan.

Louis Tamian.

RÈGLEMENT

DE LA

CONFRÉRIE DES PÉNITENTS DU T.-S. SACREMENT

de la paroisse d'ALLEX, diocèse de Valence.

CHAPITRE 1er.

But de la Confrérie.

1. — Le premier but de la Confrérie est de rendre un vrai culte d'adoration et d'amour à Jésus-Christ dans le divin Sacrement de l'autel.

2. — Le second est de procurer la sanctification des membres de la Confrérie par leur union sincère à Jésus souffrant, mourant et se donnant pour nous.

3. — Le troisième est de donner dans la paroisse, aux principales fêtes surtout, plus de solennité et de pompe, par la présence en corps et le concours des Confrères, aux cérémonies de l'Eglise et aux processions.

CHAPITRE 2.

Organisation.

4. — La Confrérie est sous la direction de M. le Curé de la paroisse ou de son délégué.

5. — Elle est administrée par un Conseil composé d'un Recteur, d'un Vice-Recteur, d'un Trésorier, d'un Secrétaire et de quatre Conseillers.

6. — Ce Conseil est renouvelé intégralement tous les cinq ans, le dimanche après Noël. Des élections partielles ont lieu, en cas de vacance, pour remplir le poste vacant seulement, dans les trois mois qui suivent la vacance.

7. — Les personnes précédemment en charge sont rééligibles.

8. — Le Conseil se réunit au presbytère, devant M. le Curé directeur ou son délégué.

9. — Tout homme, marié ou non, peut devenir membre de la Confrérie, pourvu qu'il se conduise chrétiennement et désire glorifier Jésus-Christ et se sanctifier.

10. — Toute demande d'admission doit être adressée au Directeur, personnellement ou par l'intermédiaire d'un dignitaire de la Confrérie.

11. - Sur la demande formulée, le Conseil, après examen, prononce l'admission, l'ajournement ou le refus. L'admission faite par le Conseil, avis en est donné au postulant, qui se procure le costume requis. Il est ensuite reçu solennellement par le Directeur assisté des dignitaires et en présence de tous les Confrères, avec la formule des Statuts diocésains.

12. — La cérémonie de réception aura lieu le Jeudi-Saint, ou le jour de Pâques, ou à la fête du Très-Saint-Sacrement.

13. — Le nombre des Confrères est illimité.

14. — Leur costume consiste en une aube affermie par un cordon blanc.

CHAPITRE 3.

Devoirs.

15. — Les Confrères feront leur adoration au Très-Saint-Sacrement et de deux en deux, aux heures fixées, le jour de l'Adoration perpétuelle du Très-Saint-Sacrement, le dimanche des Quarante-Heures, et le Jeudi-Saint.

16. — Ils assisteront en corps et costume à l'office du Jeudi-Saint, aux messes solennelles du premier dimanche de chaque mois, à celle de la Commémoraison des Morts, aux messes solennelles et vêpres de Noël, Rameaux, Pâques, l'Ascension, la Fête-Dieu, l'Assomption et la Toussaint, et aux vêpres de la fête du Sacré-Cœur de Jésus.

17. — Ils assisteront avec croix et fanons aux processions de Rameaux, Pâques, l'Ascension, la Fête-Dieu, le Sacré-Cœur de Jésus, l'Assomption, la Toussaint, et autres extraordinaires.

18. — Ils feront leurs Pâques le Jeudi-Saint. Ils sont exhortés à communier à Noël, à l'Assomption et à la Toussaint.

19. — Ils feront célébrer pour les défunts de leur Confrérie un

service solennel auquel ils assisteront en corps et costume, dans l'octave des morts ou le plus tôt possible après.

20. — Ils assisteront en corps et costume, avec croix et fanons, aux enterrements des Confrères, et, moyennant vingt francs de rétribution pour les besoins de la Confrérie, aux autres enterrements auxquels ils seront convoqués.

21. — Les cierges que les Confrères doivent porter à la main dans les enterrements des Confrères défunts, seront fournis par la Confrérie, si la famille des défunts ne les fournit pas elle-même ; mais ceux qu'ils porteront aux enterrements des personnes étrangères à la Confrérie. devront toujours être fournis par la famille des défunts.

22. — Tous ces cierges seront ensuite déposés dans une caisse et destinés à servir aux messes et offices de la Confrérie.

CHAPITRE 4.

Avantages.

23. — Un premier avantage consiste dans le mérite des œuvres de piété qui sont l'objet des devoirs des Confrères.

24. — Un second avantage est dans les indulgences que les Confrères gagnent aux conditions prescrites par l'Eglise, et qui sont indiquées en détail dans le livre du P. Maurel intitulé *Le chrétien éclairé sur la nature et l'usage des indulgences*, à l'article *Confrérie du Saint-Sacrement*. (Voir pages 243-6 de la 12e édition).

25. — Un troisième avantage est dans les suffrages des Confrères qui assistent aux enterrements, et dans le fruit du service annuel et des autres prières faites en faveur des Confrères défunts.

CHAPITRE 5.

Sanction.

26. — Une inconduite grave et notoire et la négligence prolongée ou affectée des devoirs de Confrère sont autant de motifs d'exclusion.

27. — Celle-ci ne peut avoir lieu sans être prononcée en Conseil de la Confrérie.

28. — Dans les cas moins graves, ce Conseil pourra, avant de prononcer l'exclusion, décider des observations à faire et des moyens à employer pour amener le Confrère coupable à l'amélioration de sa conduite.

CHAPITRE 6.

Dispositions spéciales.

29. — Toute addition ou modification essentielle au présent règlement devra être faite en réunion plénière de la Confrérie et approuvée par Monseigneur l'Évêque de Valence.

30. — Le présent réglement lui-même, tel qu'il est dressé, devra être soumis à l'approbation de Monseigneur l'Évêque.

Dressé à Allex, ce 12 juin 1887, solennité de la fête du Très-Saint-Sacrement.

Signé : L. FILLET,
curé, directeur de la Confrérie.

Vu et approuvé par Nous.

Signé : † CHARLES, *Evêque de Valence.*

Valence, le 15 juin 1887.

Valence. — Imprimerie Valentinoise, Place Saint-Jean.

Original en couleur

NF Z 43-120-8

www.ingramcontent.com/pod-product-compliance
Lightning Source LLC
Chambersburg PA
CBHW050414210326
41520CB00020B/6599